JN409184

꽃물로 쓴 편지

꽃물로 쓴 편지

인　　　쇄　2015년 12월 30일
초판1쇄발행　2016년　1월　5일

지 은 이　홍정희
펴 낸 이　양상구
웹디자인　김초롱
펴 낸 곳　도서출판
주　　소　100-861 서울시 중구 삼일대로6길 13
(서울빌딩202호)
전　　화　02-704-3301
팩　　스　02-2268-3910
H　. P　010-5466-3911
E.mail　ysg8527@naver.com

정 가 12,000원

● 채운재 시선 63

홍정희 시집

꽃물로 쓴 편지

도서출판 채운재

머리말

문학이란 이름표 달고
넝쿨진 연줄로 만나 꿈에 젖은 밤과
삶에 지친 낮이 엉키어
늘 상 밝고 맑고 푸르고 싶다 했지만
누구나 저마다의 가을이 있어
바람 한 모금 끌어다 쓸고
비 한줄기 퍼부어 지우지 못한 흔적도 닦고
운무에 흠뻑 젖은 그리움과 즐거움이
순정 꽃으로 필 무렵부터
한 송이 연하디. 연한 꽃으로 피어나리라
다짐해온 나만의 약속이
또 한 권의 책으로 태어났다
생각해보면 억지가 사촌보다 낫다는 말이 생각난다.
역으로 난 사촌이 억지보다 낫다고 생각한다.
나에게 사촌이 되어주신 을숙도 동인님들과
도움 주신 분들께 깊이 감사드린다.
그리고 남편과 가족들께 사랑한다 말하고 싶다.

차례

1부 그리움이 되는 나이

14 손녀
15 꽃바람 잦으면
16 팔순 맞은 어머니
18 同友
20 내시경
22 환절기
23 꿈꾸는 가슴
24 버리고 남은 꿈
25 사색하는 날
26 사노라면
28 기억저편
29 상사화
30 다림질
32 하늘
34 어떤 그리움
35 도라지 꽃
36 환갑 년
38 풋잠
39 그리움 한 종지
40 일탈 하던 날
42 인생

2부 떠다니는 꿈

46 가을
47 때로는
48 고목
50 진정코 말인데
52 우정
53 항일암
54 인생 봄 날
56 울릉도
59 사월의 장릉(莊陵)
60 초여름
62 세월
64 내 사랑 당신아
65 동자승
66 마음의 뜰
67 꽃물로 쓴 편지
68 소원
70 임이여
72 친구생각
74 강나루
75 불혹

3부 간맞추며 살아요.

78 시월이 오면
79 우성아
80 접동새의 권태
82 홍시
84 나 먼저 떠나면
86 허무
88 수상쩍다
89 가을 길목
90 청도 남산
92 장 담그기
94 간 맞추며 살아요
95 여심
96 만남
98 사량도 산행
100 생각
101 추억 찾던 날
102 회혼식
104 소망
106 시집
107 고향생각

4부 감정이 아파

110 옹기골
112 창작소망
114 아우라지
115 석류
116 잠 못 드는 밤
118 삶의 무게
119 사랑아
120 원고지
122 미련
123 그리운 사람
124 마당
126 變心
128 편지 2
129 고향사계
130 가을 여인
131 강변마을
132 인생 길
134 그 시절
135 앵두나무 사랑
136 친구에게
138 사랑은

5부 꽃바람 잦으면

142 식어버리면
143 고향
144 봄이 익으면
146 맥전포에서
148 우리 이야기
149 소녀 바라기
150 거울 보는 여자
151 가을 하늘공원
152 파도사랑
153 그 사람
154 낙화
155 오월은
156 임오년 한 해를 보내며
158 해맞이
159 사랑은
160 봄이 오는 길목
161 기다림
162 숲길에서
164 소원

6부 꽃물로 쓴 편지

168 몸살기
169 갈등
170 단풍 사랑
171 목 타는 농심
172 임이여
174 날고 싶은 것
176 이웃 사촌
177 어떤 하루
178 감정이 아파
179 운동
180 사과
181 백사장
182 자화상
184 얼굴
185 옛 친구
186 사랑하는 이유
187 꿈
188 초노(初老)
190 3월이 방긋 웃는 날

仁宅弘祥

丁丑年元旦一芳林

洪貞姬

1부

그리움이 되는 나이

손녀

입새처럼 돋아난 첫사랑
새로운 언어에 혀 내밀어 맛보고
날마다 감동을 엮어가는 손녀
차려입고 사진기 앞에 선 자태
설 한속 매화의 눈빛보다 더 깜찍한데
오늘은 또 얼마나 파릇파릇한
이야기꽃을 물고와 재잘거릴까
봄을 건너온 바람처럼 상쾌하고
가을 햇살에 나풀대는 풀꽃 향기 같은
한 땀 한 땀 새롭게 사랑을 쓰는 내 강아지
꽃 다 지고 없는 겨울 거실에
피톤치드가 톡톡 튀어나올 것 같은
손녀 둘 호들갑에 깜짝 취해도 보고
한갓진 산기슭에 핀 들국화보다 더
건강한 향기에 늘 취해 살고 있는
절정으로 치닫는 세, 네 살 바라기 할미
오늘은 또 어떤 눈웃음으로 아침을 열까?

꽃 바람 잦으면

산동네 다가구
주택에 거미가 산다.

야윈 몸뚱이로 질긴 줄 게워내
지문이 다 닳토록 오르락내리락
아릿한 땀내 통풍 같은
매운 삶 짊어지고
외줄 타기 하는 거미

부지런을 펴 나르느라
휘청거리는 하루

내림굿 받듯
대물림 받은 가난 이기려
까칠한 일상과 씨름하다
흘린 눈물
한 열 번쯤 얼었다 녹고

꽃 바람 잦으면
거미 어깨도 펴질까.

팔순 맞은 어머니

백연지에 핀 연꽃 같은 울 어머니
오늘같이 기쁘고 즐거운 날 뒤엔
된비알 넘어온 녹록치 않았던 깨알 같은 사연과
아~ 하고 감아오는 슬픔도 있었겠지요.

빽빽한 숲을 헤치고 나온
알바람 같은 울 어머니
눈물도 흥에 겨우면
장맛처럼 단맛이 든다 하지요.

정열 품은 팔순의 세월 동안
달짝지근하고 짭조름한 순간들이 모여
아들딸 7남매의
아롱진 등불이 되었습니다

느지막이 통도사 앞마당에서
깨끗이 쓸고 닦은 인품과
구정물 속 뺀 영혼과 함께
계곡 물 염불하듯이 살 으셨기에

꽃 진자리 문득 바람도 피해간다 하니
남은 세월 동안 건강이랑 벗을 삼아
봄 내음이 코앞에서 알짱 알짱거리는
그런 날만 계속되었으면 합니다.

同友

만나면 웃음알갱이
톡톡 터지는
동우 하나 있으면 참 좋겠다.

펄펄 쏟아지는 그리움
주체 못 할 때

펑펑 통곡하는 서러움
옷깃 적실 때

단물 빠진 껌 같은 외로움
혼자 씹을 때

슬픔 쪽으로 굴러가는 마음
잡지 못할 때

숭숭 바람 든 가슴
술이 고플 때

라일락 향기 흘러
봄이 옷깃 덥석 잡을 때

피톤치드가
형님 하자 하는
동우 하나 있으면 참 좋겠다.

내시경

슬픈 마음 저 혼자
한 이 삼일
갈팡질팡하더니 마는
아침부터 삐걱거리며
우수수 떨어지는 낙엽이 된다.

시커먼 벙거지 쓴
두려움 앞장세워
포개지는 갈등의 고리에도
속내 없이 웃는 몸
낙엽 타는 냄새로 매캐하다.

아무래도 병원에 가봐야겠다
헐렁해진 위장에
어떤 괴상한 소문이 돌고 있는지
아니면 헛소문인지
똑똑한 내시경을 들여 보내볼 일이다.

주치의 선생님
위암인 줄 알고 괜한 걱정 하셨죠. 하시며
웃음 깨문 입술로 위염이란다.
병원 문 나서는 발걸음 가볍다
혼자 쓰다 지웠다 한 처방전에 웃음이 인다.

환절기

어둠이 잔주름처럼 깔리면
번화가 간판들 전시회 열어
빼곡히 걸어둔 욕망들이
허공 가득 거짓 웃음 펼친다.

차창 밖으로 스치는
어수선한 풍경이
사람 사는 냄새라고들 하지만
립스틱 짙게 바른 위선도 함께한다.

물에 기름 따로 돌듯
주변머리 없어 어울리지 못하고
버리고 또 버리고도 못다 버린
미련 그조차 버거운 짐이 된다.

자연 속에 자신을 놓아주고 싶어 하는
환상을 담았던 삶이
환절기 알레르기처럼 가려워
떨어져 뒹구는 낙엽처럼 아파하는

꿈꾸는 가슴

부엉이 울음소리 가라앉으면
다 전하지 못한 그리움 불러
단풍잎이 가을이라 적기 전에
한갓진 밭둑에 핀 들국화 가슴이 되리

들꽃 친해 보자 채근하지만
마음이사 늘
구절초에 핀 가을 바라보고
할미새 부르는 노래마다 철학이 되리

그리움 다 깨물지 못하고
사연마다 묻어난 흔적 지우려
하르르 이우는 슬픔으로
애끓는 빛깔로 하혈하는 꽃잎을 보리

가슴 한켠 생각 없이 비워두고
순간을 놓아버린 사연마다
선명하게 그려진 실루엣 끌어안고
하루에도 몇 번씩 다른 세상을 꿈꾼다 하리

버리고 남은 꿈

오만과 자만의 입자들을
다 몰아내 버린
투명해진 심연
눈이라도 흘기면 파문이 일까.

마음을 오려 내듯
잘게 잘게 쪼개
버릴 건 버리고 남은 꿈
하얗게 흔들리는 메밀꽃 미소 닮았다.

귀뚜라미 서러운 눈물
베갯머리 적시면
살점 에이도록
밤새, 운 흔적 역력한
단풍 같은 가슴이 되어

조소함이 줄기를 뻗을 무렵
이름도 알지 못하는 고독으로
다려입어도 자꾸만 구겨지는
비우지 못한 생각
그 무게에 흔들리는 가을밤.

사색하는 날

사색이란
부도난 바람 들락날락하다
연표 같은 오동 이파리
한장 한장 떨어지며 부르는
애절한 연가 같은 것

적막함이란
비 추적추적 오는 날
고단에 찌든 종착역 뒤
노가리 뒤집는 포장마차에서
애수에 젖는 술잔 같은 것

외로움이란
삶을 제 값에
충분히 흥정해 보지도 못하고
허방에 손금 펴놓고
눈도장 기다리는 백수 같은

사노 라면

그 집에 손님으로 가면
주인 앉을 자리를 피해
앉아야 하고
언제 털고 일어서야 하는지
곱씹어 일러주신
부모님이 계셨기에 알았습니다.

그러나 인생은
어디로 어떻게
굴러갈지 흘러갈지
영영 모르겠기에
얼마나 단단히 채비를
해야 할지 난감합니다.

떠날 때를 알아야
단풍잎처럼 곱게
물들 준비를 할 것인데
무작정 안부 기다리는 시간처럼

떠난 자리 그리움
그대로 남을까 두렵습니다.

문득 돌아보는 생각의 끝은
누구의 언덕이 되어주고
그 언덕에 핀
제비꽃의 바람막이가
되어주고 싶을 뿐입니다.

기억저편

찔레꽃 지천으로 피던
노을 끓어오르는 가슴에
산도라지 눈웃음 운무에 잠길 때면
긴 그리움 한껏 휘감아 오면
추억이 되살아나 메아리친다.

살 오른 눈물 한 자락 당겨
혓바늘처럼 돋아나는 기억 저편
기쁜 달도 슬픈 달도 함께 뜨던
소래길 따라 남긴
임의 웃음 눈에 밟혀

지천명의 어깨너머로
팽팽히 맞서는 현실 앞에
무연히 떠오르는 그렁그렁 고인
첫사랑의 미련 떨치려
바람결에 후다닥 내려놓은 옛 생각

상사화

상사화 당신
잎 못 본다고
슬픈 것이 아니겠지요.

꼭꼭 묻어둔
그리움이 사무쳐서
슬픈 것도 아니겠지요.

태우고 태워
붉게 달아오른
꽃잎이 애처로워
초발심 불러내어
108배로 낮추고 낮추고

허무와 기다림이
들락날락 거리다.
뻥 뚫려버린
절절히 사랑할수록
저려오는 가슴 때문이겠지요.

다림질

토요일 오후
땀에 찌들고 얼룩덜룩 멍들어
지칠 대로 지친 바지
좀 쉬어야겠다며
링거주사 꽂고 다림이판 위에 누웠다.

얼마나 굽실거렸던지
무릎이 류머티즘처럼 불거져
시큰거리고 아파
전신 마사지도 좀 받고
안락한 휴식이 필요하단다.

내 생각에는
자글자글한 주름살도 펴주고
콧대도 약간 세워주면
쭈거리하게 구겨진 사손심도
봄 새싹 돋듯 살아날 것 같아

따신 마음을 오려내어
적당한 온도로
훈훈하게 마사지하듯
한 남자의 자존심을
빳빳이 세우고 있는 중이다.

하늘

태어날 때부터 하늘은
쪽빛으로만 사는 줄 알았다.
동쪽 바다에서 막 건져 올린 오메가와
서산에 걸린 노을을 배경으로
하늘 이불 귀퉁이마다
조각구름으로 수를 놓고
황홀한 무지개만 뜨는 줄 알았다.

때로는 하늘도 저녁 굶긴 시어미처럼
시무룩하고 어쩌다가는 온통
먹빛으로 컴컴해진다는 사실을 알았다.
찬란한 석양과 신비스런
달빛만으로 이루어지는 것이 아니라
비의 눈물과 눈보라의 쓰라림이 녹아
쪽빛 하늘이 된다는 것을

운수 사나운 날은 하늘도
숨어서 밤에 혼자 울기도 하고
장마 질척이는 불쾌지수 높은 날

태풍을 동반해 대놓고 외고 패고
펑펑 울부짖을 때도 있다는 것을
늙어 가슴마저 헐거워져
저절로 대못 하나 빠지고서야 알았다.

어떤 그리움

옛정이 너울대는
정자나무 그늘에 서면
보고픔 출렁이는 골목길 따라
깔깔대며 뛰어놀던 추억 한 장

꽃 시절에 퍼뜨린 바람 노래로
아직도 설레는 가슴이 남아
비 오는 밤엔 너를 꺼내어 흐느끼고
눈 오는 날엔 너를 불러내어 춤추고 싶어

수렁 속 같은 마음 여기저기를
굴러다니는 근심 한줄기
너의 이해가 내 고백을 목 졸라
삭정이 되어 말라버린 그 이별 이후

흠뻑 붉어지는 진달래 피면
과거의 문고리 붙잡고
귀밑머리 서리 내리도록
가슴 앓이 하는 어떤 그리움

도라지 꽃

낭떠러지 끝자락에 매달려
고요 속에 젖어 핀
연보라색 도라지꽃 한 송이

비바람에 꺾어질 듯 스러질 듯
가녀린 꽃대로 만고풍상 다 견디고
함초롬히 피운 아찔한 운명 같은 너

소나무 가지 끝에 내 걸린
하얀 구름 한 조각
보랏빛 향기로 물 들리고

등산객 마음 한 자락에
고스란히 스며드는
그대 고운 자태 바라보며

벼랑 끝에 피어난 평화를 느끼며
따숩게 데운 마음 한쪽
꽃잎에 묻어두고 옵니다.

환갑 년

매웠던 삶이 희끗희끗
돌아눕는 환갑 년
일상의 오지랖을 비틀어 짜며
타박타박 걸어온
오르막 어깨너머로
숨죽인 어제가 그득하다.

침 묻혀 넘긴 갈피마다
피고 지는 깨달음
인생이 연주하는
생음악이 아름다울 때
당신이
하늘처럼 맑고 높아 보인다.

흘러가는 강물도
물에 비친 꽃을 사랑한다고
기쁨이 살아있는 날
두레박으로 정이란 물 길어
믿음으로 끓인
미역국에 사랑으로 간 맞춘다

인생은 육십부터라고
섬세한 계절의 표정만큼
봄빛 번져오는 마음 언저리
뿌리까지 쓸고 닦은 인품 있어
묵으로 사랑 그려내면
난향 은은히 피어나겠지

풋잠

봄 빛깔 농익을 적에
하룻밤 황홀 터니
두견이 울음으로
흠뻑 달아오른 골짜기
연분홍 진달래
애절한 몸짓으로도
다 전하지 못한 마음 하나
어스름 달빛에
바람기 잦아들다
실루엣만 남겨놓고
아 ~ 불사 ~~~
무정한 사랑 같으니라고

그리움 한 종지

어깨너머로 숨죽인
그리움 한 종지
문틈으로 스며드는
빛살 같은 달짝지근한 사랑

그것 하나 가슴에 품고
한 겹 두 겹 벗어놓은 세월 동안
풍상에 금 간 항아리같이
시시때때로 조여드는 가슴

파르르 우는 전화 소리에
보고 싶다는 말 한마디가
생각에 무임승차를 하고
깊은 추억 어디쯤 동이 떠올라

무지개 한 자락 당겨서
상처를 꽃으로 피게 하는
가슴 따스한 그런 사랑 만나
뜨겁게만 살 수 없을까요.

일탈하던 날

불쑥 고개 내민 심정 안고
남지 춘풍이듯 찾아간 우정
다정히 웃음치마 펼치며
생뚱맞은 어색함 문밖에 두고
먼저 손잡고 들어가 앉는다.

하 봄날 분분하던 그리움
늘 가슴에 남아 있었다며
수박 참외 사랑 여물고
방울토마토 꽃 대궁 밀어 올려
와락 매달리는 향기로
도라지 새싹 밭에 함께 머리 조아려
새 가리 같은 잡초 솎아내고
도란도란 이야기꽃 꼭꼭 눌러 심었다

일어서는 체면 한사코 붙잡는
임이 데리고 사는 따뜻한 정 때문에
크레파스 같은 추억 한 장 만들며
즐거움 멸치 다시마 국물에 춤추고

덕담으로 간한 양념장
쫄깃한 국수 면발에 미끄럼 탈 때

향기로운 삶 연꽃으로 피워
꽃에 앉은 나비를 사랑한 당신같이
때깔 고운 해당화 꽃잎 속에
세상 공유하는 꿈나무 심으며
혀끝 맴도는 톡톡 튀는
공기 맛 하도 삼삼해

여름이 혼삿날 정하면
문지방 노크하는 보름달 뜨고
구름 문 열어 별꽃 핀 하늘 보며
개구리 자장가 같이 듣고 싶어
저녁놀 하루의 꼬리 내리기 전에
일탈을 꿈꾸는 종달새 한 쌍
임의 둥지로 또 놀러 가도 될까요.

인생

마음 담아둔 곳 없이
갈팡질팡, 살다가

어느 날 울창한 빌딩 숲
먹물처럼 번지는
시시껄렁한 골목길에서
누런 호박색 회한(悔恨) 같은
푸념 소리만 밀려오고
인생은 허무뿐
가슴에 굴 딱지 같은
상처만 달라붙어
덕지덕지 쌓였는데

이리저리 뒤척이던 밤
귓가 스치는 그리움
호롱불 심지 돋우어
영롱하게 밝아오고
햇살 잔잔한 청산에
무지개 품은 무릉도원이

기다리고 있다고
옷깃 스치는 바람에
꿈인 듯, 생시인 듯 들었습니다.

2005년

이뽀 딸 정희야 사랑한다

보배중에 보석 같은 내딸 정희야
너는 전생에 무선 인연이라는지
너는 태여나고부터 엿태까지 단한
본도 내말 지역할이 없고 한본도 내
속씩어는 일이 없이 너를 효녀라고 불어
줄까 선녀라고 불어줄까 너는 나를
무어라고 사랑하는지 나는 너를 보배라고
말고 싶구나 없는 부모 만나 울키 가르치
도 못하고 몸고생 마음고생 다시키고
못해가 시집을 가도 쌌살자는 네샛도
한본 안하고 오희려 내 각정해주던 어지
천사가 안니런가 내가 마음이 아푸면
말로서 아픔을 고처주고 몸이 압푸면
약으로서 병을 고쳐주고 나는 너같은 딸이
익기에 어재나 엄마는 한없이 행복하단다
구서방도 건강해지고 태형이 수형이도
반닷하게 잘크고 너도 항상 몸조심하고
새해는 식구가 다 건강하고 하는일마
소원성치하고 화목하고 행복하길
바란다 집안에 웃슴소리가
가득하길 바란다

엄마딸 희야 상랑해

2부

떠다니는 꿈

가을

어쩌면 일찍 올지도 몰라
열대야에 뒤척이다
새벽 별 식을 때까지
경계를 풀어헤친 어제와 오늘을
오랫동안 방치해두고
늘 바쁘다는 것은 핑계이고
숲이 서늘해지고
매미 울음이 곰삭았다는 걸
새벽 창가에 이는 바람으로 알았을 테니까

어쩌면 늦게 올지도 몰라
추억의 강에 띄운 쪽배 타고
깨알 같은 사연 되새기며
깊이 재운 그리움 엿보다가
서둘러친 노을 장막에 안겨
보름달과 달맞이꽃이
서로 눈이 맞아
쪽빛 하늘 한 자락을 당겨
사랑 노래 걸어놓고 올 수도 있을 테니까

때로는

그리움 가물가물 저물어가는 하루
클로버잎 덕석처럼 깔린 뚝방에 앉아
맛깔나게 조경한 시 한 편 써 고픈
소망하고 있던 간절한 꿈 쫓아
지천으로 널브러진 생각의
이쪽과 저쪽을 넣어 휘휘 저으면
추억이 되살아나 메아리로 사무칠까

외로운 날 침묵 한 장 깔고 쪼그려 앉아
새콤달콤 감칠맛 나고
신명 들린 각설이타령 같은
때깔 고운사랑 한번 해 봤으면
돛을 올리고 흘러가는 바램
철들지 못한 얼룩진 꿈 지우려
눈이라도 흘기면 파문이 일까 몰라
꿈결에도 살며시 내려놓은 그 생각

고목

처음엔
밤마다 별빛 사라 마시고
남쪽 가지부터 파르라니 돋아
사계절 속속들이 밑그림 쿨하게 그리며
연둣빛 사랑의 감정에 빠져 살았지

이제는
태풍에 자존심마저 난타당해 귀 울음 울다
흥건히 젖은 영혼 눈물 아롱지고
확 불길 번질 것 같은 갈등만 남아
마음 비우고 눈에 없어도 가슴 짓눌렸었지

그토록
갈망하던 황홀한 꿈 키우다
칠흑이 내려앉아 믿음이 휘청거리고
오금 서린 회한 눈물 꽃으로 필 쯤
무릎 꺾이듯 사랑도 갈가리 꺾이었지

참으로
선망하던 보름달 생각 끝에 저물고
스르라미 울음 이마 위를 날다
끝내는 고독으로 가슴에 천공 뚫린
애달픈 여인과 닮은 고목

진정코 말인데

수더분하고 고리타분하던 시골에
개발이라는 바람이 찾아가
무슨 괴소문을 내었을까?

너와 나의 곰삭은 정은 얇어지고
늦가을 비가 온종일 소란을 피워
오지랖 넓은 헛소문만 낭자해
슬픔을 삼키는데도
구구절절 하많은 시간이 걸린다.

여름밤 마을 앞 신작로에
도란도란 이야기꽃 피우던
멍석은 간데없고
알몸으로 개울물 첨벙거리던
왕년의 미련만 동구 밖을 서성이는데
외지 차량들로 휑한 바람만 불어
아쉬움 이슬처럼 눈에 맺힌다.

진정코 말인데
큰골 뻗은 마당 옆 너덜겅 칡넝쿨처럼
얽히고설킨 그리움이라고나 할까!

만약에 내가
단물 빠진 껌처럼
외로움 잘검잘검 씹다가
뜬금없이 띄운 편지로
만나자고 소곤소곤 한다면

추억이 묻어있는 선술집에서
옛 애기 홀짝홀짝 마시고
얼굴 빨개 홍야홍야 해져서
매운 속마음과는 전혀 다른
촉촉하게 젖은 눈이 녹녹해져
흘러가 버린 시간 주마등 되어
회야강 물안개처럼 피어날 거나

우정

심신에 무시로 돋아나는 잡초
반야심경 염불로 솎아 내고
패션 속에 감춘 삶의 드라마 속
난타처럼 시원하게 풀어내고 싶어
민들레 쓴웃음과 단 웃음이 비에 젖는 날

미래의 문고리를 쥐고
사주에 팔자는 좀 던져버리고
알전구 같은 깨달음으로
마음에 진 얼룩 잘 헹구어
오리 깃털 같은 따뜻한 생 꿈꾸며

삶을 적당한 값에
흥정해 보고 싶었지만
작은 꿈도 낚아보지 못했다며
친구가 써내놓은 축축한 넋두리에
자정을 넘나들던 술잔 우정 채워 마신다.

항일암

보름달 밤샘하는 남해
파도 소리에 묻어온
갯내음 향불로 태우고
지등처럼 환한 달빛
석등에 걸어둔 산사

기암절벽 어깨 위에
관세음보살님 앉아
왜구로부터 동남해를 지키며
반야심경 천수경 대다라니경으로
고통받는 중생 해탈 길 인도해 주며

청아한 염불 소리 스며들어
불심 새순 돋아
아직도 누구를 지극히
사랑해보지 못한 어리석음
자애 심어주던 항일암

인생 봄날

인생 봄날
사랑 꽃
다발다발 꽂아두던
반들반들 빛나든 가슴

심산(深山) 계곡
장엄하게 떨어지던
거침없는 폭포수
받아주든 가슴

오곡백과
단지단지 채워두고
이집 저집
퍼 나르던 가슴

낡아서 낡아
쓸모없다 버려둔
쪽박 같은
가슴 한켠

비 오면 반만 채워
달뜨면 달 불러들이고
그믐밤 별과같이 속삭이는
아직도 뛰고 있는 가슴

울릉도

꼭 두 새벽
촐 삭 그리는 조바심 앞장세워
어두움 맥박 짚어가며
남은 잠 찬물로 씻어 내고 달려간 울릉도
깊은 푸르름 바라보며 생각 잔가지 행복 열리면
내 삶 속 핵을 이룰 황금 같은 시간 뛰논다.

오징어 폴짝 뛰는 선창
미역쌈에 앉아 놀던 해삼
저 가락 장단에 초장 바르며
이 즐거움 오래오래 함께하자
송곳 봉에 빌고 또 빌고

산책로 굽이굽이 기암절벽 애무하던
파도 소리 잊을 수 없어 숙소 앞 공터에서
질펀하게 채운 술잔 꺾으며 노랫가락 거나하게
언제까지 나로 어깨춤 어석거리다
바다가 등 두드리는 날 갯바위에 뿌리내린 삶
유혹하던 파도 헤치며 지금쯤 멍게 젖가슴
탱탱해져 관광객 유혹하겠지

도동 어깨 너머로 휘도는 길
할란교 말란교를 건너
월경사 뒤 산세가 여자를 닮았다며
중국에서 할타스님 부임했다고
부산이 고향인 가이드 우스갯말
끝나기도 전에 웃음 먼저 배꼽 잡고 있을 적에

마을 앞에 선 남근바위 정기 받아
쪼그리고 앉으면 땅에 끌린다고
현포리 남정네들 부산 아지매 부러움
명이 쌈으로 싸 먹으며
드는 길 나는 길 하나뿐인 나리분지
영차영차 힘 보태 오르고
더덕 뿌리에 쌓인 세월까지 갈아 마시며
씨 껍데기 술잔에 빠진 우정
삼나물 무쳐 안주 만든다.

사의 찬미 노래한 윤심덕 유혹했던
망망대해 바라보며 선녀들이 내려와 놀던
삼선 암에 피어난 이쉬움 누구에게 떨이할까
성인봉은 그림에 떡
몽돌 해수욕장 휴가철 기다리고
공 암이 가지고 놀던 하늘 구름 한 폭 펼치면
아쉬움 두고 떠난 마음 뒤로 썬플라워 호 뱃전에
하얀 물보라 곱게 피어 벅찬 가슴 울렁거리더라.

사월의 장릉(莊陵)

시푸른 물줄기
휘돌아 너울 치며 흐르는
영월군 영흥리 동강 변

심장에 털 난 삼촌에게
임금 자리 빼앗기고
방랑 아닌 귀향살이 목에 건
단종의 생 울음이 기가 막혀

장작 아궁이
군불로 타오르던
시뻘건 불꽃같이 피던
서리서리 한 맺힌 진달래

상감마마라 아니하고
명줄 걸고 끝까지
수양대군이라 부르던
사육신의 곧은 절개

꿈틀꿈틀 살아 숨 쉬는 장릉

초여름

봄 산 오르면
질펀하게 웃으며
어깨를 기대오는 찔레꽃이 있다

웃을 때마다
언제나 애교를 비틀고
치맛자락 방싯대는

어쩌면 저들도
산에서
외로웠을지 모르는

산허리 휘돌아가는
오월을 만나
화들짝 바람이 났을 테지

이슬 같은 대화로
여린 풋가슴 흔들어 놓고
어느새 초여름
참나무 새신랑 연미복 입는다.

세월

세월은 하얗게
흔들리는 영혼을 가졌다
새 찬 바람 앞에
뿌리내리지 못한 채
요동치는 푸른 눈썹
면경 같은 하늘을 이고
내일을 꿈꾸고 있었다 하네.

기우는 오후의 태양
어설피 박혀
겨울 햇살 뿌리다 스러지고
힘든 세월 무게 앞에
파아란 새싹 키우지만
길은 언제나
바람의 손끝에서 열렸다 하네.

애절한 사랑 앞에
시간은 고개 숙이고
세월은 사랑을 눈뜨게 한다고
마음 먼저 너를 찾아 떠나고
반 넘어 잘린 인생
그래도
석양은 불타고 있었다 하네.

내 사랑 당신아

여보 당신 맘 알아요.
오늘날 까지 어떻게 살았는지
일평생 근면과 성실을 무기 삶아
쓸고 닦은 윤기 나는 가정
뛰고, 뛰고 바둥거린 길,
처, 자식 햇살 한 줌 더 받게 하려다
가슴에 옹이 박힌 줄도 모른 체
줄달음질 쳐온 거친 세월

가난한 촌부
여러 형제로 태어나
졸부들 이유 없는 거드름
길고 짧은 가방끈 비아냥거림
웃음으로 받아 내지만
그 휘둘림으로 곪아 삭을 대로 삭은 속내
모두 받아 감싸 안아주고 싶다.

동자승

보슬비에 젖은
뻐꾸기 울음
일주문 앞을 지날 때

어머니 품 그리는
파리한 뒤 꼭지
애잔함은 더해지고
고사리손 마주 잡고
부처님께 합장하는
동자승 무엇을 빌었을까

처연히 떠오르는
동안의 그 미소
바람 가는 길에
무심 새순 돋아
보시하는 여린 가슴
연꽃 피게 하소서

마음의 뜰

글 밭 이랑을 걸으며
마음 자락에 키워온 뜰
타박 솔 사랑 물로 자라고
영산홍 행복 이슬 마시며
가장 아름다운 색으로 칠한
그리움 먹고 핀 상사화
하늬바람 노닐던 축담 아래
소꿉놀이하는 햇살 연정 키울 때

토담 아래 봉선화
꽃물 배인 사랑 그리며
추억의 꽃씨 켜켜로 뿌려
꽃불로 피어난 향수 맡으며
햇살 담긴 툇마루에 앉아
달짝지근한 책장 넘기며
마실 나온 낮 달 벗 삼아
행복의 정원 만들어가는 마음 텃밭

꽃물로 쓴 편지

여름 끝자락 뒷산에 오르다
잉크 빛보다 더 파란
달개비 꽃잎에 두 눈이 빠져버렸다

나비 날개 보다 연한 꽃잎 따다
한 방울 두 방울 눈물로 버무려
그리운 임에게 편지를 쓴다.

막바지 여름 햇살 먹고 곱게 물든
빨간 단풍잎에 보고 싶다. 쓰고
노오란 은행잎에 사랑한다. 적어서

기쁘게 피어오르는 설레는 마음
해 질 녘 방아깨비 긴 다리에
칡꽃으로 살짝 묶어 띄워 보내리.

소원

사랑은
앵두 같은 입술에
사르르 녹는 솜사탕이듯 하소서

가슴에
애틋한 그리움
소복소복 쌓이듯

해맑은
마음의 정원에
파르르 풀꽃 피듯

수정 같은
두 눈에 가득 담은
노오란 눈웃음이듯

보슬비
남새밭 상추 잎에
사붓사붓 스며들듯

뒤 뜰
두리둥실 보름달
너울너울 춤추듯

동구 밖
영롱한 쌍무지개
그리움만으로 보석이듯 하소서

임이여

영혼의 맑은 노래로
시원한 우물 파놓고
외로움의 깊이만큼
휩쓸고 간 바람처럼
그대는 내 가슴에 어둠을 밀치고
한 송이 노란 꽃으로
배시시 피어난 아쉬움

푸르게 흐르는 강물 위로
아련히 떠 있는 낮달처럼
새벽이슬에 촉촉이 젖은
별들의 다정한 미소처럼
그대는 내 영혼에
아픔을 밀치고 온
마알간 맹물 같은 사랑

들풀 허리 꺾인 아픈 상처
보슬보슬 내리는 봄비에 아물듯
연붉은 철쭉꽃 사랑
뜨겁게 불타는 언약처럼
백만 송이 장미꽃같이
항상 푸르른 웃음 속에 핀
긴 그리움 같은 임이여

친구 생각

새벽 어스름에
고요히 침몰하는
빗방울의 군무
눅눅한 습기 속에
대문 짝 만한
바람이 불어온다.

간밤 꿈속에서
그립던 친구를 만났다.

옛날 우리들의 어린 시절
뒷산 부엉이 애달피 울어대고
스무 살 언저리
밤새워 시를 쓰던
책상 모서리엔
푸른 강물이 흐르고

황금벌판 품에 앉은
소박한 마을 내 고향도 보이고

한 시절 지나간 유행가 따라
친숙한 얼굴 하나 다가와
다정하게 불러대던 기억들
계획 없던 오늘 하루
추억의 책갈피 속을
오락가락 헤매이는 사람아

강나루

바람이
날개 깃을 세우면
강물은 유리알처럼 투명해진다.

흘러간 세월만큼 쌓이고 쌓인
하 많은 사연 가슴에 묻고
한없이 출렁이며 흐느끼는 겨울 강

저물어가는
세월 허리춤에 매달린
인내의 무게 앞에
시린 가슴 안고 바둥대는 사람들

오늘도
꿈을 미끼 삶아 봄을 건지려고
낚싯대 드리우고
온종일 목 놓아 기다린다.

불혹

불혹의 꿈이
출항하지 못하고
이러저리 뒤척이는 나만의 항구

깊은 미리내
오작교 건너는 무수한 별들
정수리에 쏟아지고

연락선 뱃머리엔
철석 이는 물결 따라
뜬소문 같은 가시 바람 불고

출렁이는
시름의 파도 속으로
한없이 끝없이 떠다니는 불혹의 꿈이여

사랑하는 내딸 정희에게

사랑하는 엄마딸 정희야 무근해를
보내고 새해를 마지하여 덕담 한마디
할여고 필을 들고 보니 막상 뜻선 말을 할마
생각이 잘안나내 새해는 가내가 무병하고
가정이 무사하여 일년 내내 대길 하기
바란다 그리고 우리 대형 이수영이도
티없이 잘컷선이까 취직도 되리라 믿고
결혼도 하기될그고 앞프로 좋은날 만이스그야
사랑하는 엄마딸 정희야 내가 여기 잇사
로오근 보니 참행복다실구나 너도 자주보고
모욕도 식기저주고 하니까 내가 지금
80평생을 다 사라가지만 지금 안때아
재일 행복하다고 생각한다 외금 동중하니
먹고싶픈것 사먹고 입고싶든곳 다 입고
자고 십푸면 자고 나도 이럴 때가 있는가 실다
그른데 너인 대부활이 없다 엄마 울리신 해스
너에 넓은 아량으로 너이 동생 들을
안글고 다루저스우에 있게 잘지냈스 면
좋으로만 항상국정이다 딸 얼나는
항상 너만 민는다 오해는 곤되지 해라
돈도 많이 버리으 공장해서 산행도 잘하고
일년내내 다복한 가정이루기 바란다
2006. 1. 을 보내면서 엄마가

3부

간맞추며 살아요.

시월이 오면

강물에 흥건히 젖은
시월 상달을 치마폭에 쓸어 않고
울컥 치밀어 펄럭이는 그리움
바람결에 내다 걸고서
무지개다리 건너
나부끼는 반딧불 바라보노라면
꽃잎 같은 시어들과
수목 같은 문맥들이
전설처럼 흐르던 강물 따라
유년의 몸짓 하나하나
풀어놓은 보따리 속 그 사연
혼야의 설렘으로 다가와
베틀 속 북실 같은
씨실과 날실로 만난 사랑
향 짙은 그 사랑 달구어
가을밤 은하수 같은 남강 물에
심지 담근 유등 불 밝혀 띄운다.

우정아

춘심이 임 찾아 나서면
영 시간 내기 어려울 거라
농촌 사는 친구
여름날 등줄기 스치는
바람 같은 그리움 앞장세워
날 잡아 얼굴 한번 보잔다.

손금에 옹이 박히고
눈가 주름살 선끼[선기] 흐르는
삶의 미학 같은 친구
손수 잘 가꾼 상추 쑥갓
한 소쿠리 안고 와서
민들레같이 환하게 웃는

아~가슴 찡한 우정아

접동새의 권태

가을 보내고 긴긴밤
왕년의 미련이
접동새 울음 되어
조각난 어제를
주물럭주물럭 거리다

춥다, 춥다, 웅크리고
우두커니 앉았다가
흠뻑 피고 나서야
그 이름이
동백꽃인 줄 알았음을.

그믐밤
환하게 웃다
펄펄 내리는 꽃비는
벚꽃의
애끓는 사랑이었음을.

메아리 한 모금 맴돌다
절절히 추억이 되는
내 그리움 한숨으로
여미어만 두었다가
사랑했었다는 말은

두견새 울면 하리

홍시

시끌벅적하던 봄꽃들
허리 한풀 꺾이고 난 뒤
도톰한 입술로 있는 듯 없는 듯
빙긋이 순박한 웃음 날리며
동네 꼬마들 목걸이 되어주던 감꽃

메뚜기도 오뉴월이 한철이라고
손바닥같이 큰 잎사귀 빽 믿고
혈기왕성한 젊음 앞장세워
하늘 높이 치솟는 떫은 오기로
오만무도하던 풋감

경쟁의 대화로 쌓인
소주병 속에 반만 남은 갈망
검게 베인 심으로 키워
배짱 하나로 농익은 난감
세상 밖을 엿보았을 때

노을 속에 날던 고추잠자리
배경으로 찍은 사진 속
첫서리 맞고 당황해 붉어지던 그 얼굴
단물로 익던 철없던 홍시 가슴
시월의 잎 떨어지는 소리 큰 슬픔 되겠네.

나 먼저 떠나면

운명이 다 하여 나 먼저 떠나면
살뜰한 정은 없었다 해도
미운 정도 정이라고
석자 이름만이라도
잊지 않고 기억해 주실래요.

삶 그 모두다
사랑이 아니었다 해도
먼 산 메아리로 돌아오는
아련한 추억 몇 개쯤은
간직해 줄 수 있을런지

지나가 버린 꽃그늘 속에
아 하고 감아오는 기쁨과
한때 향기로운 시절도 있었다.
말해 준다면
가는 길 크게 서럽진 않으련만

혹 흐르는 눈물 속에
내가 보이는 날 있더라도
또 다른 사랑 채울 수 있게
데워둔 가슴 한쪽
비워두는 것 있지 말아요.

허무

바람난 여울목마다
실버들 춤추고
잔디밭에 속삭이던
보슬비 하도 달콤해
마냥 봄 일 줄만 알았습니다.

찔레꽃 향기에 취해
천둥소리는 그저
콧방귀로 날려 버리고
한세상 그렇게 흘러가면
그저 다 되는 줄만 알았습니다.

어느 날 문득 돌아보니
가슴에는 얼음 덩어리 같은 달을 품고
검던 머리 희끗희끗 눈보라 흩날린 후
당혹해 하던 나이
이제야 철이 드는지 약해지는 마음

야윈 사랑은
그리움의 깊이와 같다 하지만
꿈에 젖던 밤과
땀에 젖은 낮이 엉키어
눈가에 잔주름만 여울져
빈 술잔에 허무만 가득 채워놓고
까마득하게 흘러가 버린 세월 아쉬워한다.

수상쩍다

별과 달의 악수가
뒤 뜰 대숲에
한 땀 한 땀
수를 놓던 날

붉은 댕기 꽃 바람
사립문 밀고 들어와
남새밭 어슬렁거리다
찡긋 윙크하고 돌아간 뒤

상추 잎 야들야들 교태부리고
나비와 한창 열애 중이던
무 장다리꽃
어느새 심하게 입덧하는 눈치

울타리 밑에 심었던
강낭콩 싹
불쑥 고개 내밀고
훔쳐보는 눈빛이 수상쩍다.

가을 길목

허물처럼 벗어놓은 기억 저편
내 어릴 적 고향에는
달빛에 젖은 선복화
하얗게 뿌려진 동구 밖

그리움 흥건하게 피어나
여름 따먹고 만삭이 되어가는
메밀밭에서 소금 따는 꿀벌
숨찬 바람에 세월 버무리고

파랑새 앉았던 기억만으로도
그쪽으로 흔들리는 나뭇가지
푸른 잎 쫙 깔고 있는 추억 속에
돌감처럼 발그레 취해버린 가을

청도 남산

기러기 울음
새을자로 날아오를 때
바람 등에 업혀온
소나무 씨앗 한 톨
터진 바위 결 군살 틈새 찾아
실뿌리 내리며
낙낙 장송 꿈꾸었지

천사만사
가파른 운명처럼
삭풍 두른
죽살이 같은 삶
제 살
부엽토 만들어 덮어가며
한 모금 이슬로 연명한 세월

날 선 바위 등
보듬고 앉은 솔
오만 방자함 버리고
키 낮춰
천 년 약속 먹은 나이
그 기품
따를 자 뉘 있으랴

잔설 속으로
빨려든 한재
검푸른 숨결로
굽어보는
남산 그리매
봉긋
솟구친 그리움이듯

장 담그기

한 뚝 빼기
식탁의 꽃으로 피어나기 위해
정초부터
말날 새날[1] 날 잡아
정화수로 세심한 메주
소금물과 궁합 잘 맞는지
계란 매파 다녀가고
도가지에 바로 동거 들어간다.

남향집 처마 끝에 매달려
다글 다글 말랐던 대화
진득하게 숙성되기 위해
너 마음 내 속내
야금야금 풀어 놓으며
깜 시리하게 물들기 시작한다.

---

1)새날: 말띠 닭띠날

한 독 안에 같이 살면서
맨 날 좋은 일만 있었겠니.
하 봄날에
가슴에 담아둔 나 장내[2)]
뚜껑 열어 한숨으로
여러 날 날려 보내고

한 세월 발효된 꿈
삭을 대로 곰삭아
장미꽃 활짝 웃는 날
된장, 간장, 새집 장만해
분가하여 빛 좋게 살면서
구수한 단내 폴폴 풍기더라.

장독간에서

---

2)장내: (곰팡이 냄새)

간 맞추며 살아요

지친 삶이
한창 투쟁 중인
삭막한 현장

지나간 봄날
흐드러지게 피던
벚꽃 생각하며

온종일
콧노래로 흥얼흥얼
간 맞추며 살아요.

여심

꽃은 피었다 지면
향기마저 가져가지만
이루지 못한 사랑은
때때로 달콤한 향이 난다.

봄이 가슴에
속절없이 머무는 날
추억 허리에 그리움 달고
꽃잎처럼 피어난다.

그리움이란
마르지 않는 샘물
언제나 마음 깊은 곳에 남아
연기처럼 피어올라 애가 탄다.

누가 나에게
사랑을 물으신다면
힘주어 당기다 놓쳐버린
아름다운 갈망이라 말하리다.

만남

독경 소리 안개처럼 피어나는
장안사 앞뜰에서 우리는
귀에 익은 이름 눈으로 부르며
면면이 정감 어린 눈빛으로
잡은 손에 온기 더해 주는
새로운 만남에 가슴 열었다.

산모롱이 휘돌아 낙엽 밟으며
앞서거니 뒤서거니 이야기꽃 피우며
척판암 싸고 뒤돌아 된비알 오르며
미덥던 사랑 단풍처럼 고와지고
등에 업고 온 푸짐한 행복
햇살 내려앉은 작은 정상에 풀었다.

배춧잎 쌈에 안긴 돼지 수육
우정으로 버무린 쌈장 바르고
꽃새우 짓길로 미무리한
한입 보쌈에 눈꼬리 살짝 미소 매달고
술잔에 동동 떠다니는 즐거움 마시며
지나가는 바람에도 눈웃음 날린다.

만남이 너무나 소중해서
넘쳐나는 웃음 널어 말리기 위해
모교의 그늘아래 멍석을 깔았다
임들이 풀어내는 꽃잎 같은 춤사위
들썩이는 어깨 위에 끼는 넘치고
애창곡이 목청을 타고 춤을 춘다.

찐쌀 바가지에 퍼 담아온 정
너 한입 나 한입 나눠 먹으며
덕담에 김밥 옆구리는 터져도
얼굴에 쌍무지개 떠 있고
웃음이 언약 되고 세월의 시차는
서로 모른다며 마냥 즐겁기만 하더라.

사량도 산행

새벽바람 창가에 매달고
훈훈한 정과 끈끈한 향기로
소리 없이 번지는 해맑은 미소 머금고
용암포에 내려선 가을 따라
차배에 실려 가는 설레는 마음 된다.

내지 항에 풀어 놓은 젊음들
산허리 붙잡고 가쁜 숨 토해내며
한 구비 올라서면 탁 트인 시야
파란 바다에 파도가 써 놓은
하얀 시를 읽으며 땀방울 훔친다.

지리망산은 돈지항구 품에 안았고
가마봉에 매달린 밧줄 붙잡고
옥려봉에 깃들인 기구한 전설 들으며
흘러간 세월만큼 줄사다리에 풀어놓고
계절은 구절초 꽃잎에 머무른다.

포구마다 돌 멍게 사랑도 노래가 되고
무심의 바위 등에 새겨진 사연
애달픈 미소로 삭이며 저물고
포물선 그으며 달리는 연락선
꽁무니에 달고 온 노을 참 아름다웠다.

생각

어느 날 불쑥 다가온
무지갯빛 순정
황홀한 임의 향기
꼬옥 품어보고 싶으이.

당신이 들어온 가슴
웃음 한 자락만 스쳐도
장미 빛 언약 되어
떨리는 연정 키워야 하리

내 안에 집 짓고
심정으로 애무한 세월
짜릿한 환희 뿜어
살 내음 하루를 태워보고 싶으이.

잘 자란 정하나
농익은 입술 먹고
촉촉한 사랑의 미소
백합 향으로 피어나면 좋으리.

추억 찾던 날

추억 찾아가던 그 날
오일장 열리던 날
그립던 고향 사투리 들으며
이 골목 저 골목 정이 묻어 있었다오.

추억 찾아가던 그 날
내 모교 학생들 소풍 가던 날
풍선장수 엿장수 어디들 갔는지
내 어릴 적 소풍날이 많이 그리웠다오.

추억 찾아가던 그 날
동네 꼬마들 연 날리던 날
향수에 젖은 내 마음
연실에 실어 날려 보냈다오

추억 찾아 가던 그 날
내 어릴 적 친구들 숨바꼭질 하던 날
머리카락 보인다. 꼭꼭 숨어라
동회 앞마당엔 옛 추억이 잠들어 있었다오.

회혼식

높고 파아란
하늘 한 자락 베어다.
한 땀 한 땀
어머니 한복 만들고

빨간 단풍
한잎 두잎 올올이
짜 엮어서
어머니 대례복 만들고

하얀 구름
한 조각 떠다가
폭신폭신한
어머니 버선 만들고

아침 이슬
한 방울 두 방울
오색실에 꿰어서
어머니 족두리 만들어서

꽃피고 새우는
춘삼월 오면
우리 어머니
회혼식 올려야겠네.

소망

가을에는
기도하게 하소서
내가 좋아하는 모든 분들께
가을밤 별이 가슴에 쏟아져
사랑하는 애틋한 마음 갖게

가을에는
축복받게 하소서
내가 사랑한 모든 분들께
가장 예쁘고 달콤한 열매 맺어
기쁜 마음으로 수확하게

가을에는
용서하게 하소서
혹 소원 했던 분 있거든
낮은 마음으로 다가서서
두 손 꼭 잡고 활짝 웃게

가을에는
사랑하게 하소서
외롭고 쓸쓸한 분들
사랑이 단풍잎처럼 곱게 물들고
행복이 샘처럼 솟아나게

하소서

시집

임을 만나
긴 밤 하얗게 새우며
빨갛게 시리도록 두 눈에 담았지요.

한 장 두 장
눈물과 애련으로
가슴이 흥건하게 젖었지요.

기쁨에
웃고 행복에 겨워
두 볼에 복사 꽃물 들었지요.

내 진정
뜨겁게 사모하기에
당신을 가슴 깊이 품어 버렸지요.

고향 생각

마을 어귀에 가을빛
수채화로 덧칠 할쯤
초가 지붕위로
하얀 연기 집집마다 피어나고

집 모퉁이 감나무
노을 따먹고 빨그레 익어갈 때
가을밤 뒤뜰 대숲에
목이 하얀 달님 마실 나오고

별을 깎고 다듬어
마음속 보석으로 빛나던
어릴 적 노을빛 향수
봉숭아 꽃씨처럼 환약으로 쏟아진다.

사랑하는 내 딸 정희야 보아라

보석 같은 나에 딸 정희야 엄마가
너을 20초반에 너을 나아 예쁜 옷도
해 입피고 잘 가 가르기고 잘 키울나고
했는대 살다보니 살림이 여의차나 장사을
옹기라 본니 너을 공부도 못 가치고 살날만
하게 했니 지금도 내 마음 어아푸는디
너는 어쩐 마음에 오작 했겠나 그래도
그래도 내색 한분 안하고 투정 한분 안하고
별난 아버지 모시고 동생들 여러나 데
키워가며 6천평 에 다 농사 지을 때
생각하면 힘도 더러지만 잘 키울 때도
있섰지 그래나 지금어 이나 변함 없는 너에
마음 항상 엄마 걱정 동생들 걱정 하는줄
엄마가 잘안다 이재는 걱정 말고 보여주는
것시 소망이라 시집 갈 때도 욕심 한분 안부
리고 착카고 효녀 내 딸아 너 말 만 드러면
마음이 편안하다 이제 주서방도 곤강
해지고 태형이 수형이 잘 크주고 이제
너는 걱정 없이 딸도 강을 국경도
하고 공강 해서 살니 니가 참 좋구나
강신네 새해는 식구가 다 공강
하고 하는일 마다 소원 성취
하고 주리서 오늘 술 마차 오손도손
화목 하고 행복 하게 잘 살기
바라 내 사랑하는 내 딸 정희야

4부

감정이 아파

옹기골

울산 울주에 있는 옹기마을 갔더마는
순박한 시골 아낙 닮은 옹기랑
새 색시 닮은 옹기들
평상 가득 다닥다닥 둘러앉아 있다.
지금은 인기 떨어져 버렸지만
왕년의 미련 때문에
앞으로 팔려갈 이야기에 침이 마르고

큼지막하고 투박하게 생긴
누렁디 호박 닮은 옹기
팔자타령을 들었다 놨다 하며
넙대대하고 펑퍼짐하게 생겼어도
양지바른 장독간으로
어제 자가용 타고 시집간
친구옹기 자랑을 늘어놓으며
은근히 부러운 눈치다.

머리에 동백기름 바르고
기생오라비 같이 생긴 옹기들
어느 대도시로 팔려갈지
사뭇 기대감이 역력한
때깔고운 눈빛으로
꿈꾸는 무지갯빛 마을

꼬락서니만 보자면
새색시 닮은 반질반질한 쪽으로
눈길을 여러 번 줘 보지만
된장 맛에 길들여져 있었어
투박한 쪽으로 마음이
쏠리는 걸 막을 순 없어
순박하게 생긴 녀석 하나 업고 왔어요.

창작소망

속앓이 잠깐 동안
서러워 지린 눈물 잠시 짠맛을 잃고
모든 것 마음먹기 달렸다지만
울컥 시린 가슴 속 멍울
모난 기억 들추며
달이 내 마음 삼키던 밤

허망한 꿈이라도 좋다며
일탈을 꿈꾸던 날
푸르스름 움트는 시심
어렵다 투정부리기 전
내 안에 묵정밭 일구어
알록달록 보석 같은 詩 사랑을 심어

변죽만 울리던 감성에
색동저고리 입히고
생각의 수틀에 서정시 수놓으며
땅에 떨어진 삶의 의욕 걸머지고
햇살 품은 들꽃처럼 푸른 꿈 꾸며
창작과 함께 여행하고 싶으이.

아우라지

먼동이 새벽 날개 펼치면
아리 아리랑
허리 아픈 기다림
안개치마 뿌리치고
갓끈 동여맨 송 천

부엉이 울음 개울 건너면
아리랑 아라리요
꼬물거리는 그리움
허리끈 부여잡고
따라나선 곡지 천

바위 품 얼싸안고
휘 돌아치며 만나는 곳
아우라지 아리랑
산 그림자 깊을 적에
옆구리 꼭꼭 찌른 인연
기다리는 여울목

석류

꼬리 감춘 늑대 앞에서
숨겨둔 홍보석 자랑 말라 하시던
어머니 싱싱한 당부
주렁주렁 익어가던 날

오랜 기억 속을 출렁이며
유년시절 허기 달래던 장떡
간장 항아리에 하현달 뜨면
가난을 타작하던 도리깨 보인다.

처마 끝에
한마음 걸어놓고
잘근잘근 깨물던 추억
달무리 구월을 활짝 피워

하루해 저물 무렵
산 그림자 마당 거닐 때
어머니가 싹 던 텃밭 귀퉁이
석류 떡 벌어져 보석처럼 빛난다.

잠 못 드는 밤

옥양목에 먹물 들인 것 같은
깜깜한 어둠에 기대앉으면
알록달록 희,노,애,락
무등타고 내려와 소꿉놀이하잔다.

하루를 접고 눈 감으면
수은등 신열처럼 번지는 골목길
바람에 밀려난 세월 따라
타박타박 걸어가는 옛 추억

뒷동산 비탈 양지 바라지
참꽃 따던 아이들 노랫소리
콧물 적신 소매 끝에
아련한 그리움으로 묻어나고

소 몰던 큰 골길 따라
나뭇잎 배 띄우던 개울가
오지랖에 조약돌 주워담는
추억 속으로 달려가는 마음잡아 앉히며

가부좌 틀고 앉은 번뇌 접어놓고
무념무상을 꿈꾸지만
잠은 점점 더 달아나고
베갯잇 적신 그리움만 무성한 밤

삶의 무게

세상에 빈손으로 나온 사람들
말간 청춘의 빛깔 묻은 채
삶의 얼룩 밀물에 쓸리고
썰물에 부대끼며
푸른 멍 자국으로 남아

청 빛 옥 빛 어디 가고
스스로 허물어지는 굴레 속에
몸부림치다 스러지는
이름도 알지 못하는 색을 입은 고독으로
낡은 수첩 펼치면 일렁이는 그리움

심장하나 뜯고 지나가는 기적 소리에
세파를 다듬는 굳은살 같은
추억이 깃든 생의 조각들
하나둘 꺼내보고 싶어
가슴속 빗장을 열고 차곡차곡 끼워 넣는다.

사랑아

진주 빛 영롱한
사랑이 아니라 하여도
한 그루 나무 그림자 같은
품 넓은 사랑이면 그만이지

밑그림 멋지게 비치고 싶었고
삶의 빛인가 어둠인가는 따지지 않고
영혼 속 샛별처럼 다정한
눈빛으로 바라볼 수만 있다면

한 소식 지나간 꽃그늘 생각하며
아 하고 감아오는 기쁨으로
소복소복 정 묻혀놓은 이름쯤은
영원히 가슴속에 묻어 두어도 좋으리.

원고지

내 영혼의 바다
파도 출렁이는 마음 언덕
가던 발길 멈추고 눈감는 생각
어르고 달래며 끈질긴 노래 만든다.

꿈과 추억이 어울려
산골짜기 물안개로 번져
숙명처럼 가슴에 파고드는
젖은 감성 말리기도 하고

앞산 진달래 뜨거운 눈길도
초가지붕 달빛에 젖은 박꽃
간절하고도 애절한 흐느낌도
그림자 벗어놓고 기댈 때

밤을 지새운 애태움 무너져
애달픈 노래로 남아
눈물 아롱지던 그리움
모두 여기 태동으로 설레는

한 장 남은 원고지.

미련

부질없는 욕망
보고픔 그려내는
안개 피어오르는 언덕에 앉아
오늘도 울컥 그리움 날린다.

짧은 만남
행복했던 순간들
입술 깨물고 있어도
몰래 들어와 가슴 적시니

때때로 못 잊어
애태우던 미련
차창에 기다리는 마음 서려
지울 수 없는 추억에 잠길 때

끊어진 인연 술
찰박찰박 눈물 차오르면
그대 붓끝에 묵향으로 번져
꿈에 들면 사랑했다 말 할래.

그리운 사람

찬바람 걸어가는 골목길
희미한 빛 그림자 날리는
포장마차 곁을 지날 때
호탕하던 당신이 생각나

비탈길 고갯마루
그늘에 숨은 듯 앉아있는
주막 앞을 지날 때
다정했던 당신이 그리워.

여행 가방 메고 떠나버린 세월
당신과의 추억 잠들은 곳
그리움 보듬고 찾아가 보고
기다림의 향기 나이테로 늘어나

다시 만날 약속 여기 두고 갑니다.

마당

회야강 끝자락을 당겨서
유년 시절 서랍을 열면
청대 빗자루 자국
정갈한 마당 보인다.

키 낮은 담장 끼고
송송 핀 채송화며
장독대 옆 해바라기
알찬 미소 머금고
마당 한옆 거름더미
감나무 기대서서 졸고 있으리.

까치발로 친구 이름 부르며
하찮은 먹을거리 담장 넘으면
꽃난 같은 정 넘쳐흐르고
해질녘 헛간 앞 모깃불
모락모락 기도 하듯 피어나
은하수 건너는 별똥별 기다릴 때,

뒤뜰 장독간에
보름달 마실 나오고
정한 수 떠 놓고 빌고 비는
외씨 닮은 어머니
추억 담긴 서랍 속
박꽃으로 피어나 눈물짓게 합니다.

變心

그저
나비가 쫓겨난 가슴 안고
들길 따라 걸어 보노라면

때론
사랑했던 세월 눈물 되어
통증은 안으로 파고드는데

그냥
과거는 낙서일 뿐
만지작 거려보는 옛 추억

절절히
애태우던 욕망의 상처
치유하는 묘약은 미소

한 모금
칭얼대는 그리움
따뜻한 마음 녹여 보태고

마냥
바라본 황토빛 노을
그래도 하늘은 사랑을 노래한다.

편지 2

손때 묻은 어린 시절
개울가 바위틈 아래
소꿉놀이하던 그 옛날
못다 부른 노래로 남아

오랫동안 소식 없던
보고 싶은 친구에게
세세한 사연 적어
그립다 띄운 편지

물안개처럼 피어나는 그리움~이
나뭇잎에 이슬 맺히듯
서로 적셔주는 기쁨 되어
설레는 가슴 풀어놓고 울먹인다.

고향 사계

춘삼월 보리밭에
까투리 둥지 틀고
달래, 냉이 상큼 알사한 맛
된장국에 녹아드는 봄

산자락 적시는 물안개
소꼴진 바지게에 매달리고
타박 감자 부드러운 속살
구수한 수제비에 빠져드는 여름

황금 물결 출렁이는 논두렁
여치, 귀뚜라미 노래 부르고
주먹만 한 군고구마 달콤한 맛
쇠죽 아궁이에 스며드는 가을

문살에 넘실대는 호롱불
울고 있는 문풍지 달래주고
곶감에 겁먹은 호랑이 이야기
따뜻한 화롯불에 익어가는 고향

가을 여인

고개 숙인 중년 부인
눈썹 끝에 매달린 코스모스
고운 햇살 닮아 하늘하늘 수놓으며
생각보다 가벼운 하루를 시작하리.

코끝에 와 닫는 국화 향기
닫힌 마음 한 자락 열어주고
가을에 온 임이시여
그늘진 마음자리 꽃향기로 채우는가

따스한 햇살 먹고
기다림이 익는 감나무
파란 하늘 빨갛게 수놓으며
허수아비 허리춤에도 가을은 익어가고

해를 안고 일어서는 여인
갈색으로 깊어진 사색으로
멀어져가는 기억 찾아
추억의 렌즈 속에 별이 되어
목마른 가을 꼬리 잡고 싶으이.

강변마을

달음산이 발 뻗은 마을
냇물 휘돌아 감고 흐르던 곳
이산 저산 목쉰 뻐꾸기가 살던
아름다움이 살아있던 곳

신도시가 온다고 숙설 그리더니
흉흉한 원색 바람이 불고
춤추는 도우저 삽날 앞에
속살 파헤친 마을 어귀 노을도 운다.

따스한 햇살 쏟아지던 봄날
달음산 벚꽃 시냇물에 띄워지고
풀꽃과 마주한 순박한 삶과
파란 청춘이 꽃피던 곳

가난한 삶 가득 채워 보려고
형제들 정성이 땀이 되어 베인
마음 저 깊은 곳에 많은 사연 묻어두고
터전이 도시와 살을 섞고 눈물 떨군다.

인생길

인생 잔가지 사이로
스며드는 햇살 마시며
더 높은 곳을 향해
헐떡헐떡 바쁜 발걸음
울울창창한 산을 오른다.

땀방울 속 헤매던
지난 세월 무게만큼
꼬불꼬불 산모퉁이
휘돌아 고개 넘으면
또 한 구비 덤벼드는 숲

골짜기 덤불 사이로
갈림길 만나 고개 갸웃
때로는 돌부리에 걷어채어
한숨 크게 토해내고
멈칫대며 걸어온 길

저만큼 오르막 쳐다보며
지난 시간 위에 땀 맺히면
어린나무 제 손 잡아라. 내밀고
바위 등에 쉬어가라
나뭇잎에 맴도는 바람 같은 인생길

그 시절

보릿고개를 넘던 춘삼월이 깊어지면
꽁보리밥에 시래기 국으로 배 채우던
그 시절은 바람결에 지워져 가도
목청껏 부를 수도 없는 그리움은 남아
추억 따라 시린 마음 쌓이고 쌓여
온종일 벚꽃이 지던 내 허기진 그곳

기러기 울음 산간에 무늬 질 때
흑백 사진첩에 얽힌 인연끼리
꺾어 불던 풀피리 슬픈 곡조는
내 가슴에만 사는 것 아니겠지
고봉으로 꾹꾹 누른 가난은
기억 속에 비스듬히 걸터앉은 쓴웃음 같은 것

거친 세파 속에서도 지워지지 않는
부족함은 물레방아 풍경 속으로 돌아가고
지천명으로 달려가는 동안 고향 생각만 아롱져
부엉이 울음 처마 밑으로 파고들 때
귀밑머리 서리 내리도록 걸어온 길 뒤로
사랑하는 마음만 옛 생각에 젖어 있을 뿐이다.

앵두나무 사랑

풍성한 잔치가 끝난 빈 들
집집마다 고요함이 깃들 때
앙상한 나목 부여잡고
앵두나무 허리 감도는
세찬 바람 앞에
문풍지 애처로이 울던 밤

행복했던 시절
지난날 그리움으로 지고
핏빛 뚝뚝 떨어지던
다산의 고통 앓고도
하얀 눈 솜이불처럼 덮고
앵두나무 깊은 사랑에 빠졌다.

입춘의 햇살 그림자 드리우고
세월 무게만큼 더해진 그리움
내일을 위해 파란 촉수 키워
꽃 진자리 알알이 맺을
실팍한 결실을 꿈꾸며
애타게 기다리는 봄, 봄, 봄

친구에게

불혹을 넘어선
인생 비탈길에서
우리가 건던 그 옛날
진달래꽃 만발한
뒷동산 소래길 따라

소녀적 아름답던 추억
담장 넘어 발돋움 치며
뻐꾸기 울음소리만 들려도
상상의 날개 펼치며
전해오는 재잘거림

사립문 너머 띄워 보낸
가슴에 묻어둔 그리움
오늘은 내가 친구에게
강남 제비 날개 끝에
적어 보낼 하 많은 사연

답장이 오지 않아도
편지를 쓰는 지금
설레는 마음과 함께
두리둥실 두둥실
어깨춤이 먼저 행복의 나라로

사랑은

사랑은
날마다 웃음 먹고
야들야들 보드랍게 자라난
연한 꽃잎 같은 것

여름날
순박한 해바라기처럼
다소곳이 바라만 보는
간절한 눈빛 같은 것

창공의
푸른 별 밭을 갈아
씨 뿌리는 농부 마음으로
곱게 땋아 내린 세월 같은 것

어느 날
봉숭아 꽃씨처럼 톡
튕겨나 뜬금없이 쏟아지는
이루지 못할 소원 같은 것

때로는
쉽게 놓지 못하는 집착으로
애간장 녹이게 했던
아린 눈으로 바라보는 것

그래도
사랑은 계절 따라
줄기 뻗고 잎사귀 달아
꽃피워 열매 맺을 채비 하는.

2006年 1月 1日

사랑하는 엄마 딸 정희야 보아라

희야 내 딸 한분 더러볼내 새월이 가넌 근
유수 갈다 고했던가 오늘 내가 지난 새월
을 뒤도 라보면 궤로운 날들 즐그웠든
날들도 많이 사라 왔지만 내가 이래 할
음시 늘굴 줄을 몰아 그런 화살 갈이
가는 재월이 실감이 나구나 사랑하는 딸
희야 엄마 딸로 태여 났서 공부도 많이
못해는대 시에도 하고 책도 내서 참
장하구나 사랑하는 내 딸아 이 엄마는
너만 생각하면 얼마나 자랑서릅고
행복한지 몰라 그리고 너랑 정욱이랑
엄마 절에서 그 많은 일 해가며 살림을
잘 사라주고 지금까지도 불편한분 없이
동생들 거두는 걸 볼면 참 고맙고 대견
하구나 이제는 너 인생을 즐기며
구서방 인데 잘하고 아이들 잘 다둑이며
좋은 가정 이룩기 바란다
이엄는 한주일에 한분식 저화 만
해주어도 고맙기 생각할께
새해는 식구가 모두 공강하고 하고
하는일이 모두 소원 승취 바란다
내내 안녕 엄마가

5부

꽃바람 잦으면

식어버리면

지금까지 내가 만진 삶이
전부인 줄 알고
여름 산을 닮은 빛깔로
지천명의 끝자락 즈음
연못가에 통나무 집 짓고
정 머무는 간이역 만들어
너에게 줄 말 가슴으로 덮이며
양념 베인 사랑으로 살리라
가장 달콤한 꿈 꾼 적 있었지

바람이 울면 돛을 올리듯
화장기 지운 진실
한꺼번에 까발리며
안면근육 일그러져 헐크로 변할 땐
꿈이 무너진 허망으로
먹구름 연빙 새끼를 낳고
울분이 고여 강물처럼 흐르다
연가에 목 놓아 흐느끼면서
남은 정이 서러워 울컥 눈썹 떨게 한다.

고향

우리 재잘재잘 속삭이던
달빛 어린 동매 바위 언덕

깎아놓은 밤톨 같아
풋풋한 찔레꽃 향기가 나던

서생 성벽에 핀 벚꽃
샘물 솟아나는 빨래터에 비치고
달콤한 밀어에 옷깃 젖던
깊은 추억 어디쯤
강물같이 일렁이는 고향

가을 뒤란 저문 석양처럼
너의 향기 활활 타올라

허기진 그리움 앞장세워
오늘도 가슴속엔 안개비만 내린다.

봄이 익으면

매일 운동하는 낙동강 둑길
햇살과 봄이 팔짱 끼고
사뿐사뿐 걸어가면
제비꽃이랑 민들레 꽃잎
방실거리는 눈웃음

마음 예쁜 동백꽃
찬바람에 귀 볼 붉히고
노란 옷으로 코디한 개나리
햇병아리 되어 아장아장
줄지어 마실 나가는 따신 날

동네방네 떠들썩하게
납작 웃음 날리는 벚꽃
봄놀이 가자며 앞장서고
철쭉꽃 콧노래 부를 때
늦게 피어난 복사꽃
가슴 설레기는 마찬가지

고향에 그리움 넣고 달달 볶아
두견화로 곱게 피어나면
서둘러 시장 나온 봄나물
깨소금 참기름 바르고
식탁에 올라 헤벌쭉 웃으면
배낭 둘러맨 마음이 먼저 산에 오른다.

맥전포에서

조개와 고동이 갯바위에서
날마다 동화를 쓰며 꿈을 키우고
잔잔한 파도가 소꿉놀이하던
예쁜 조가비와 조약돌이 있는
그곳으로 추억 만들러 떠났다.

부푼 가슴 청보리밭에 맡겨두고
아카시아 꽃길을 머리카락 날리며
메말랐던 가슴 자운영 꽃향기로
빨갛고 새하얀 꽃물들이며
작은 들꽃에도 마냥 미소 짓게 한다.

마음에 차곡차곡 담아 둔
고향과 많이 닮은 길을
친구들과 함께 설레는 마음 안고
살랑살랑 감미로운 바람결에
신바람 나는 음악 들으며 찾아간 맥전포

고요한 포구 운무 덮이며 잠들고
이슬로 세수한 마알간 신 새벽
파도가 잠들은 명경 같은 수면 속
싱긋 웃고 있는 당신 얼굴에
푸른 바다가 입가에 묻어 있었어
갯바람 한 아름 안고 집에 오면
맥전포 아름다운 풍경이
눈 속에 점점이 들어 박혀
한 두어 달은 즐겁고 생기롭게 살 것 같아
벌써 콩콩 뛰는 생가슴이 환호성 지른다.

우리 이야기

좋다 미웁다
말하지 말자
포근한 마음만 있다면
애정의 씨앗 움트기 마련

미련도 두지 말고
원망은 모두 버려라
상처가 진주로 여물듯
아픔 뒤에 오는 사랑
더 소중한 것
팍팍한 세월
욕망의 부피 줄이고
집착의 밧줄 던져버리며
인생 과수원에 퇴비 뿌려

더불어 사는 인생
가뭄에 단비 같은 사랑
서로 적셔주는 기쁨 되어
행복의 우물 길어 올리자 .

소녀 바라기

우리 집 거실에 샛별 하나둘 떴다
아침부터 저녁까지 춤추는 별빛들
머리 빗겨 차려입고 거울 앞에 쪼르르 달려가서고
은하수에 몸 씻은 보름달 같은 몸짓으로
봄날을 책장처럼 넘기며
행복을 열고 어린이집 간다.

세태 속에 물들지 않고 순수함으로
자라나는 자국마다 깊은 생각의 씨 뿌려
죽순처럼 쭉쭉 뻗어나기를 염원해보는
나의 비타민이 되어주는 손녀 둘
어린이집에서 돌아오기를 기다리는 동안
찻잔에 젖는 나만의 여유로운 사색

꽃피길 기다리는 여별의 시간처럼
한 방울 영롱한 이슬 같은 내 강아지
이마에 살짝 온기라도 얼 비치면
깜짝 소스라치기도 하지만
들꽃처럼 맑고 밝고 청순한
푸른 마음으로 커 주길 바라고 바란다.

거울 보는 여자

한때 추억이 뛰놀던 카페
모퉁이 창가
나이 많은 한 여자
고상한 자태로 앉아
작은 손거울에
두 눈 빠뜨리고 있다

눈썹 끝에 내려앉은
파리한 주름 보았는지
하얀 콧대 바짝 세우며
입가 분홍색 미소 바르고
분첩 꼭꼭 찍어 날린다.

새침데기 미니아기씨 적도
새아씨 적 두 볼이 발그레하던
꿈 낳던 젊은 시절도
주마등 같이 지나가고
추억 캐러 온 한 여자
회상에 젖어 오롯이 앉아있다.

가을 하늘공원

봄, 여름 내내
살갑게 가꾼 하늘
파란 양탄자 깔아 놓았다.

너를 향해
구름 위를 솟구치게 한 꿈 벌려
단풍 가슴 불 댕기면
가지마다 열린 희망
울긋불긋 익어 갈 즈음

햇살 베고 누운
생각 깊은 저녁노을
발그레 사과 같은 시를 읊네.

그 시심
똑똑 따 모아
보름달 같은 꿈의 꽃
걸어놓은 하늘공원
쪽빛 그리움 되어 곱구나.

파도 사랑

추억 떠다니는 바다
파란 가슴으로 다가와
달콤한 정열 불태우며
잔잔하게 누워 사랑하고

연애편지 쓰는 파도
가슴 떨며 기다리는 조가비
모래밭에 추억 심을
씩씩한 그대는 파도 왕자

갯바위 밀애 하던 말미잘
온몸으로 부르던 노래
밤새도록 애무하다
돌아서면 아쉬워
다시 밀려드는 파도 사랑

그대 하얀 사랑 있기에
바다 가슴 더 푸르게 살아간다.

그 사람

바람이 업어온 봄날
삶의 긴긴 여정
복사꽃처럼 화사한 꽃길
함께 걸어갈 그 사람

뭉게구름 타고 온 여름
묵밭 되어가는 마음자리
열무 가꾸듯 물주며
가슴 풀어 다독여 줄

섬돌에 쌓여가는 세월 허리 붙잡고
손 때 묻은 그리움 찾아
시린 어깨 안아주며
내 안에 고이 잠들 그런 사람 있으리.

낙화

밤새 피어난 조 춘
뽀얀 안개 밭
하얀 촛불 밝혀 들고
분분히 피어난 목련꽃

안개비로 단장한 몸
고고한 웃음 날리며
순백색 얼굴 봄 햇살에
활짝 피어난 사랑인가

간밤 예고 없이 찾아온
비바람에 으스스 떨다
꽃샘추위 인 줄만 알았지
낙화인 줄 난 정말 모르고

오월은

아욱국이 그리울 때쯤
청보리밭에 이는 바람
한껏 싱그러운 향기로 반길 적에

찔레꽃 향기 언덕 넘어
종달새 날개 끝에 매달려
골짜기마다 울려 퍼질 적에

아카시아 꽃길 따라
산나물 캐는 아기씨들
콧노래 댕기 끝에 나부낄 적에

담장 넘어온 장미꽃
빨간 눈웃음
환하게 터뜨리는 오월

임오년 한 해를 보내며

동해안 구릉포
맑은 물 눈에 시리고
다 저녁 월송정 물안개로 마음 적시며
희미한 불꽃 따라 지친 어둠
온정리에 슬며시 깔릴 때면
온천물에 시린 몸 내려놓는다.

백암산 등에 업고
굽이굽이 흘러내리는 광천수
개울 베고 누운 솔밭 사이로
뜨겁던 여름날 연인들
웃음소리 그리며 한가롭고

강구 뱃머리엔
대개 피대기 과메기
맛 자랑에 마음 빼앗기고
생로병사에 걸어둔 삶
화진포 백사장에 내려놓으며
차오르는 욕망의 덤불

구릉포 맑은 물에 띄워 보내고
홀가분한 기분으로 계미년을 맞는다.

해맞이

신 새벽 차가운 바람 가르며
백양산 정상에 올라
계미년 새해를 맞는다.
어두움 저편 수평선 넘어
물안개 걷어 올리고
장엄하게 떠올라 환호성을 자아낸다.

신이시여 저 찬란한 금가루
온 누리에 골고루 뿌리시어
마음이 가난한 자 부자 되게 하시며
건강 잃어버리신 분 되찾게 하시고
근심 걱정 많은 분 내려놓게 하시어
모든 이웃에게 따뜻한 눈길로 바라볼 수 있길

두 손 모아 고개 숙여
간곡하게 빌고 빌던 사람들
하산 길엔 발걸음도 가볍게
마음 창문 활짝 열어놓고
얼굴 가득 미소 담은 채
만나는 사람마다 덕담 나눈다.

사랑은

사랑은 샘물
목마른 자에게 생수 되고
아픈 사람에게 약수 되며
더러움은 깨끗하게 씻어주고
따뜻한 목욕물 더없이 행복하게 할지니

사랑은 촛불
생일날 나이만큼 축복해 주고
부처님께 밝혀 소원 빌며
그늘진 자에겐 마음 따시게 하고
내 한 몸 태워 어둠 밝혀 주나니

사랑은 과자
달콤한 초콜릿 내 반쪽 생각나게 하고
알사탕 학창시절 떠올리게 하며
옛날 과자 고향 그립게 하고
쌀강정 어머님 사랑 떠올리게 할지니

봄이 오는 길목

바람이 칼끝을 세우고
겨울 네네 할퀴고 간 자리
생채기만 수북이 쌓여
갈길 잃어버린 낙엽처럼 뒹굴다.

어느 날 하얀 안개 한 자락
슬금슬금 피어오르던 날
봄비 치맛자락 날리며
밤새워 대지에 속삭이더니

냇가 늘어선 버드나무
연둣빛 긴 머리채로 붓질하면
가지 끝에 맺힌 희망 꽃잎 되어
봄은 늘 사랑으로 배알이 한다.

기다림

달음산 오르는 길섶 외딴곳
엄마도 없는 빈 친정집에서
겨울 부르는 가을비
부슬부슬 내리는 날은
막연히 누구라도 기다려지네.

고향 친구라면 더욱 좋고
학교 선 · 후배라도
그냥 따뜻한 마음
서로 주고받을 수 있다면
사회 친구라도 좋아라.

창 넓은 찻집이 아니어도
포장마차에서 대포 한잔 마주 놓고
고달픈 삶의 언덕길
편안한 대화로 오를 수 있다면
그런 사람과 취해보고 싶은 날

숲길에서

호젓한 숲길을
발소리 죽여 가며 걸어보고 싶으이.

햇살이 뿌린 금가루
풀숲에 내려앉으면
수많은 나뭇잎
소중한 기억처럼 반짝반짝
고이 장식해 놓고 싶은 짙은 풀내음

언덕배기 넘어온 바람
빛바랜 생각들 어루만지고
손에 잡히지 않는 빛살로
생명 빚어내는 대자연에
온몸으로 다가서서 안기면
아름다운 세상이 펼쳐져

생의 꽃밭에 서서
선하고 순하게 살다가 자고
마음에 다짐하고 또 하며
초록빛 물들은 숲길을
그립던 분들 생각하며
가만가만 걸어보고 싶으이.

소원

봄엔
친정집 울타리 밑에
해시시 노란 웃음 머금은
민들레 꽃잎처럼
다정한 눈빛으로 바라보게 하소서

여름엔
산골짝 풀숲에
파르르 눈웃음 흘리는
아침 이슬방울같이
영롱한 눈빛으로 바라보게 하소서

가을엔
사자평 능선 따라
사르르 하얀 웃음 만발한
억새밭 저녁노을처럼
찬란한 눈빛으로 바라보게 하소서

겨울엔
아랫목 화롯불에
토실한 알밤 구우며
옛이야기 해주던 할머니처럼
구수한 눈빛으로 바라보게 하소서

松柏長青

洪貞姬氏의 回甲生日을 眞心으로 祝賀합니다

辛巳年 正月 初七日 古潭

6부

꽃물로 쓴 편지

몸살기

한 소절 소슬바람이 지나간 뒤
추적추적 가랑비 옷깃을 스치고
잔주름만 깊어져 가는 가을
신 새벽 눈은 떠졌는데
몸은 일어날 생각을 하지 않는다.

환갑 년 세월 동안 뒤돌아보니
누구나 저마다의 가을이 있어
애잔한 하늘가 글썽이는 새벽
희게 또는 어둡게 길 덮은 안개 보며
찬바람 스산하더니 꿈자리 어설프다.

어제를 뒤져서 찾은 오늘이지만
쓸 수 있는 힘이라곤 하나도 없어
어깨에 걸터앉아 수다 떠는 근육통 보며
잠시 엎드려 바람 피하는 풀잎처럼
다만 몸살기에 젖어 누워 있을 뿐이다.

갈등

가을바람 앞에 지조 없이 흔들리는
갈대 같은 심경이 복잡한 계절
남자의 생애에 투숙해 사는 여자
완고한 생각 거침이 없어
헝클 방클 던진 예민한 언행으로
여자는 가슴 한복판에다 늪을 키웠다

여린 마음이 만들어 내는 근심으로
산초 향에 취해 길 잃은 바람처럼
허둥지둥 보낸 시간 뒤로
짠한 마음 배어 나와 촉촉하게
젖은 눈물이 목덜미 타고 내리면
속속들이 깊이 재운 불씨 까치발 한다.

그렇게 상한 마음이 머물다간 뒤로
고민은 연민에 끌려 갈팡질팡하는 사이
어두워질 준비를 하고 있는 창밖을 보며
서리 맞은 호박잎같이 초연히 어깨 떨구지만
짓눌린 마음을 해동하는 알약 같은 추억이 있어
그 늪에 한 아름 연꽃을 피웠다 하네.

단풍 사랑

봄의 포로가 된 개나리 처녀도 가고
낮달 휘청거리는 여름날도 가고
늦깎이 달짝지근한 꿈 부둥켜안고
여름 가슴에 손을 넣은 가을이
진고개 휘돌아 소금강에 스며들면
은사슬 금사슬 풀어놓은 개울 따라
때때옷 차려입고 초야 기다리는 단풍

추억 작년 이맘때를 떠올리고
속절없이 가려거든 정패라도
사랑의 굴레 스스로 벗지 못해
무심한 삭풍에 붉게 타버린 그대
달빛마저 파르르 떨리는 만월 밤
차마 가슴에 품지 못한 사랑 찾아
불타는 그리움으로 적멸하는 단풍

목 타는 농심

땀방울에 허둥대며
쨍쨍 울어대는
뒷동산 매미 한없는 갈망
풀숲에 흘러내리고
낮잠 졸든 넉살 좋은 햇살
나뭇가지 사이로 그네 뛰면

하늘 모퉁이 흰 조각구름
감나무 가지 끝에 걸어두고
뒤 뜰 돌아 나온 솔 솔한 실바람
야윈 울타리에 기대선
강낭콩 꽃잎에 맴 돌때

긴긴 여름날 뙤약볕 아래
시원한 소나기 기다리는
메마른 남새밭에서
갈증에 허덕이는
애타는 농부의 마음을 본다.

임이여

무 장다리
꽃잎에
노랑나비 같은

진달래 붉게 핀
언덕에
종달새 노래 같은

소래길 따라 흐드러진
아카시아꽃 섶에
쉬어가는 꿀벌 같은

그런 행복 만드시어

치켜세운 진리로
농익은 이해와 곰삭은 정
참기름으로 버무리고
노송 가지 끝에 걸린
만월 같은 배경으로

산새들의 노래
실가지에 걸어놓고

남은 세월의 강
클래시커(고전적) 음악을 타고
임의 건전지가
다 닳도록
엄동설한 군불 땐 아랫목
이불 속 온기 같은
그런 사랑 사랑 사랑하시길.

날고 싶은 것

겨울비 찰박찰박 오는 날
렌즈 속에 찰칵 날아오를
원초적인 봄을 기다리며
동지섣달 아랫목에 누워 있어도
날고 싶었을 속 깊이 개벼둔 이야기

보면 볼수록 애잔하고
자글자글 주름진 삶이지만
새벽을 열어 내일을 노래하고
흙을 사랑한 사람이 된 너는
목마름을 풀어주는 깊어진 추억

거울 앞에 서면
작살난 백발이 꼬나보는 세월 보며
장미처럼 때깔 나게 잘살아 보자
옛석에 새끼손가락에 건
알콩달콩한 소꿉장난 생각나

봄을 재촉하는 비 뿌리고 남은
구름 한 장 그마저 걷히고 나면
각을 세우던 오기 버리고
언 가슴 풀리고 복사꽃 피면
고향에서 한번 만나리.

이웃 사촌

뻐꾹새 울음
구성지게 익어가고
장미꽃 활짝 웃는 계절이 오면
마을 앞 평상
문전성시를 이룬다.

인정을 팔고 사는 옆집 할머니
함지박 가득 주전부리 들고나와
입이나 다시고 가라며
퇴근길 옷깃 붙들면
저녁 준비에 바쁨도 잠깐만이라며

마음 먼저 콩밭에 보내놓고
종일 골목에서 일어난
뒷집 한바탕 싸운 사연
앞집 시동생 승진 소식까지 듣다 보면
훌쩍 달아나 버리는 시간 아쉽다.

어떤 하루

가무 짭짭한 하루의 삶이
보금자리 치던 사무실
아주 잠깐만이라 생각하고
컴퓨터에 한눈파는 사이
또르르 굴러가 버린 시간

아~차 어느새
납품 다녀온 사장님
컴퓨터에 코 박고 있는 것을 보고
꾸중이 천둥벌거숭이 되어
창문 밖으로 뛰어나가는 고함

언어의 칼날에 베인
가슴 한쪽이 쓰리고 아파
고단했던 나날들을 적었다
행복했던 순간으로 지우며
커피 잔에 참을 인자 풀어 마셔보는 하루

감정이 아파

어깨에 머리를 기댄
고단한 생각의 끝을 잡고
체면이라는 가식에 취해
허허로움만 가득 채워 혼자 마시는 술

구름 위로 솟구치던 꿈
순정 꽃처럼 필수 있다면
빳빳이 고개 세운 잡초처럼
음악을 타고 보수의 강 건널 수 있으련만

수분이 쏘옥 빠져버린 남자 때문에
통역하기 어려운 감정이 아파
욱신대는 붕대 끝을 잡고
샛바람이 가슴 파고들어
미리 차려둔 위로의 말 이내 식어 버린다.

운동

몸 따로 마음 따로 지만
다부진 집념 끌어안고
완만한 곡선 그으며
사뿐 날아가는 공이 그리는 풍경
그 속에 피었다 지는 시간

마음속 꽃씨 하나 심어
엷은 바람결에 입 맞추는 향기로
곱게 피면 되는 꽃인 줄 알고
요모조모 따져보지도 아니한 채
와락 달려 들은 운동

지천명의 끄트머리에서
잠자던 근육 깨운 것이 무리였던지
어깨에 묵직하게 올라앉아
칭얼대는 몸살기
의욕 한 첩으로 치유될 수 있을까?

사과

그렇게
향기로운 너의 입술
앵두 같은 립스틱 바르고
새콤달콤한 목소리로
아삭아삭 즐기고 싶으이.

요렇게
꿀단지 품은 가슴
빠알간 노을빛 연지 찍고
향기 같은 추억 한입 깨물며
백 년 초 같은 사랑이고 싶다던

임 같은 너

백사장

화진포 백사장 수평선 저 멀리
파도 타고 밀려드는 추억 따라
가슴에 숨어들던 순정
비밀한 연서 한 장 들고 들어오면
춤추는 생각 날개 단다.

내 안에 팔랑거리며
드나들던 옛 생각
마음 허공에서 울며
돛을 올리고 흘러가는 미련
파도에 실어 떨쳐 보낸다.

콧대 새운 외로움
눈물 젖은 손수건 말리며
모래밭에 그리움 심어놓고
노을 타는 연기구름 아래
넘실거리는 바다 마시며
해조음 갉아먹는 별 헤이는 백사장

자화상

설렘으로 피던 잎 새
흐느끼므로 떨어진 비에 젖은 저녁
애태우며 걸어가던
어리석은 언어는
한 가닥 세월 초라한 언덕

험한 가시밭길은 멀고
흔들리는 생각과 초라함으로
시들은 꽃대 그림자 줄일 때
붉어진 눈시울 산마루 쳐다보며
슬픈 마음 오려 붙여 눈물샘 뚜껑을 연다.

우수에 떨던 날개
미지의 바다로 날기엔
궁색한 뒷바라지 탐살 만하다
슬픈 날느는 마음 언덕에
가을비에 흠뻑 젖은 구절초 핀다.

울림도 없이 떠다니는 자성
순한 사슴 눈동자 뒤로
제멋대로 달아나는 세월 보며
밤마다 꿈속에서 숨바꼭질하던
가을 하늘 빛 푸르름이 아쉽다.

얼굴

탯줄 자를 때부터
앙살시리 울고 또 울고
미움이 그림자로 남았던지

마른버짐이 동글동글
양 볼 여기저기 피어나
괜히 손거울에 투정부린다.

값 비싼 화장품 의지해
정성들여 다듬어 보지만
모두들 야물다고 만 하더라

쉰을 훌쩍 넘긴 나
지금이라도 예쁘다 해 준다면
저녁 살 준비 하고 다닌다.

옛 친구

웃음소리 보석 같은
그대 얼굴 그리다
소래길 함께 거닐던 그 시절 눈에 밟혀
다 전하지 못한 마음 하나
꿈길 흥건하게 적신다.

앙상한 계절 모퉁이
외로움 하나 내 안에 숨어 사는데
그대 따뜻한 눈빛 하나로
가득 채워지던 섬세한 마음
그 언저리 염불 소리 청산에 젖는다.

무심한 강바람 먼 길 돌고 돌아
고단함은 덜컹대는 레일 위에 얹어놓고
스쳐 지난 세월 동안 너를 바라볼 수 있는
애잔한 그리움으로 남아
오늘도 마냥 기다리는

사랑하는 이유

항상 푸르른 소나무처럼
건전한 사고를 가지고
살아가는 당신을 사랑합니다.

언제나 변함없이 당신 갈 길
묵묵히 걸어가는
의연한 당신을 사랑합니다.

아무리 어려운 일이 닥쳐도
서두르지 않고 슬기롭게
헤쳐나가는 당신을 사랑합니다.

힘들고 고단한 삶의 굴레 속에서
비굴하지 않고 소박한
웃음 보여주는 당신을 사랑합니다.

건전한 생활 습관과 배려할 줄 알고
당신과 함께 있으면 내 마음이 따뜻해지니
그래서 당신을 아주 많이 사랑합니다.

꿈

바람에 묻어온 그리움에 흠뻑 젖어
흔들흔들 그네 타던 단풍
떨어져 머문 그 자리
꼼지락 꼼지락 피어나는 추억이
귀뚜라미 울면 가슴 저민다

철학은 만추를 향해
저만치 앞서가는데
사색이 불꽃처럼 커지면
지우지 못한 그림자 누렇게 변해
현란한 마음 그 먼저 아려오고

가을바람이 안고 온
빳빳이 고개 세운 욕망이
노을에 젖은 석양을 등에 업고
걸어가는 그대 발끝에
조급함만 하나둘 쌓여 가는 것

초노(初老)

장독대 옆
다알리아 꽃[3]
피고지고 지고 피고

모진 세월 부여잡고
울며불며
오매불망 살았어도

돌아보면 언제나
소매 끝에 맺힌
눈물 같은 사람아

국화꽃 이마에
하얀 솜털처럼
뭇 서리가 내리던 밤

---

3) 달리아

내 머리에도
언제 내렸는지
백설이 흩날리고

내게도 가을이
이렇게 빨리 찾아올 줄
내 진정 모르고 살았구나

3월이 방긋 웃는 날

남도의 꽃향기 매스컴 타던 날
남편과 섬진강 다압마을로 꽃구경을 갔었다.
우리나라에서 제일 먼저 매화꽃이 만발하는
하동 매실 마을에는 꽃향기만큼이나
맛깔스런 매실 장아찌랑 매실로 만든 술과 차
그 맛이야말로 세계에서도 으뜸가는 남도의 맛이다
매화를 찾아 미끄러지듯 달려가는
자동차 꽁무니에 설렘도 함께 따라나서던 길
남해고속도로를 콧노래 흥얼흥얼 간 맞추며
오랜만에 둘만의 드라이브 겸 소풍인지라
섬세한 계절의 표정만큼 기쁨도 설렘도 두 배
섬진강가 실버들 휘늘어져 반기는
다압마을 홍상리 선생님 댁에서 마신 차
그 멋과 맛이 흥에 겨워질 무렵
여보! 차 맛이 어때 은근히 웃으며
남편이 한마디 툭 던진다.
어깨엔 약간의 힘을 주며 매화꽃밭에서
매향으로 즐기는 차 맛이야 최고지
당신이랑 함께라서 더욱 맛나네.

그리고 두 눈을 반짝이며 봄을 멋지게
타는 남자라고 말해 주며 팔짱을 끼고
매화꽃밭을 거닐던 그 행복
누구에게 자랑이라도 할까
햇살도 달콤하고 바람도 꿀맛 같고
지금까지 함께한 세월 동안 같이 장사하느라
둘만의 오붓한 시간 가져보지 못했는데
앞으로는 가끔씩 이렇게 한 번씩
좋은 시간 가져보자 생각하며
내년 이맘때 또 오리라 다짐도 함께해 본다.
매화 꽃잎 한잎 두잎 섬진강물에 동동 떠다니는
길을 따라 찾아간 하동장터 초가집이
정겹게 반기고 어린 차나무 묘목 한그루 만지작 그리다
햇살 내려앉은 장터 찐한 사투리
장바구니 넘나들며 흥정도 해보고
하동서 맛집이라 소문난 콩국수 집을 거쳐
지리산 천왕봉 발치에 있는 대원사 부처님께
우리가족들 몸성히 또 한해
무사히 보내게 해주십사 빌고 또 빌고
개울물 자장가 들으며 춘몽 꾸던 버들가지 보며

하루해가 너무 짧아 아쉬움을 남편 어깨에
은근슬쩍 기대어보고 두 눈에 꽃물들이며
봄바람 가슴 부푼 날 내 사랑은 은빛 날개를 단다.